Karl Friedrich Hensler

Das Schlangenfest in Sangora

eine heroisch komische Oper in zwei Aufzügen

Karl Friedrich Hensler

Das Schlangenfest in Sangora
eine heroisch komische Oper in zwei Aufzügen

ISBN/EAN: 9783743421417

Hergestellt in Europa, USA, Kanada, Australien, Japan

Cover: Foto ©Thomas Meinert / pixelio.de

Manufactured and distributed by brebook publishing software (www.brebook.com)

Karl Friedrich Hensler

Das Schlangenfest in Sangora

Das Schlangenfest in Sangora.

Eine heroisch komische Oper in zwey Aufzügen,

von Karl Friedrich Hensler.

Die Musik ist von Wenzel Müller, Kapellmeister.

Wien, 1797.

gedruckt mit Schmidtischen Schriften.

Personen.

Malai Manao, Samorin von Sangora.
Loango, der Katual.
Affar, Oberbramine.
Bengal, ein verwiesener, vornehmer Indianer.
Babur, } seine Kinder.
Tita, }
Minni, Bengals Pflegetochter.
Mouba, sein Gefährte.
Zadir, Oberpriester des Gözen Jaka.
Opferpriesterinn der heiligen Schlange.
Morney, Oberster der Nairen.
Der Admiral der portugiesischen Flotille.
Fernando, sein Sohn, Seekapitain.
Roberto, Seeoffizier.
Jokolo, ein Student aus Lissabon, Fernandos Seegefährte.
Selaide, }
Miris,   } Mädchen des Samorins.
Ibrana,   }
Ninon,   }
Zaffer, ein Moslemim aus Tunis, ihr Aufseher.
Zilli, ein Sklave.
Priester und Priesterinnen des bösen Gottes.
Portugiesen. Indianer.

Aufgeführt auf der k. k. privil. Marinellischen Schaubühne in Wien.

Erster Aufzug.

Erster Auftritt.

(Freye Gegend mit einer Höhle. Im Hintergrund erhebt sich eine steile Felsenwand, welche in den Ganges ragt. Auf der Spitze derselben liegen Bengal, Mouba, Minni, Badur, Tita auf den Knien. Sie opfern und werfen Blumen in den Ganges. Bengals Sklave.)

Introduktion.

Sanft und helle
Fließt die Quelle
Unsers heil'gen Ganges hin!
Sie belebet,
Und erhebet
Froh mit Dank der Menschensinn!
(Sie fallen mit dem Gesicht zur Erde. Man hört einen fernen Gesang)

Ein Sklave.

Hört ihr den fernen Wiederhall
Von Zimbeln und Marimbenschall?

Alle.

Immer näher hört mans rauschen,
Stille! stille! laßt uns lauschen!

Entfernter Gesang.

Euch, Söhnen der Sonne! Friede und Heil!
Die Gnade des Königs wird euch zu Theil.

Bengal. Badur. (auf dem Felsen)

Ha! was seh' ich? seht, dort ziehen
    Unsre Feinde zu uns her.
Laßt uns in die Höhle fliehen,
    Dort find't man uns nimmermehr.

(Der Gesang nähert sich. Sie wollen in die Höhle eilen)

Zweyter Auftritt.

Vorige. Der Oberbraman mit Bramas geheiligter Fahne. Die Uebrigen mit Palmzweigen. Indianer. Sie nähern sich Bengals Sohn.

Chor.

Der König läßt mit dieser heil'gen Fahne
Zum Heeresführer dich nun weihn.
            (Alle übrige stürzen zur Erde)
Der Feinde Schrecken! auf des Ruhmesbahne
Sollst du des Volkes Retter seyn.

Mouba nimmt dem Oberpriester die Fahne aus der Hand, nähert sich damit Bengal, welcher immer noch mit der tiefesten Ehrfurcht zur Erde kniet. Mouba zu dem Alten)

Auf! der Befehl des Königs muß dir heilig seyn,
Weih' ihn mit Bramas heil'ger Fahne ein!

Er

Er schwöre mit zur Sonne anfgehobner Hand,
Dem König Treue und dem Vaterland.
(Bengal giebt seinem Sohn die Fahne)
Badur.
Ich schwöre mit zur Sonne aufgehobner Hand,
Dem König Treue und dem Vaterland.
Voller Chor.
Sanft strale, gold'ne Sonne! nieder,
Verknüpfe aller Völker Glieder
Auf immer mit dem Friedensband!
Zernichte der Gesetze Feinde,
Beschütze alle Tugend Freunde!
Und segne unser Vaterland.
(Die Uebrigen gehen in die Höhle)

Dritter Auftritt.

Bengal. Assar. Mouba.

Assar. Brama, der allmächtige Regierer der Welt, verleihe dir Glück und Heil, ehrwürdiger Greiß! Schon Mondenlang suchen wir dich in den entferntesten Gegenden von Sangora — der Samorin versprach jenem 10000 Xerefins, der deinen Aufenthalt ausspäet. Nun erfuhren wir durch einen Frembling —

Beng. Durch einen Frembling?

Assar. Den du vor einigen Monden bey einem Seesturm vom Tode rettetest —

Mouba. Der europäische Verräther!

Assar. Nenne ihn nicht so — ihm danken wir die Entdekung eures Wohnorts — er wurde dadurch unser Freund, unser Wohlthäter! Bengal! du wurdest unschuldig des Landes verwiesen, der Samorin ruft dich an seinen Hof zurück.

Beng. Ehrwürdiger Greiß! der Mann, der Jahre lang in einsamer Hütte lebte, taugt nicht mehr in das Gewühle der Menschen. Seht! dort am heiligen Ufer des Ganges der Felsen, dem Frühopfer unserer Gottheit geweiht! dort grub ich mein Grab, bedeckt es einst meine Gebeine, so fallen meine Kinder hin, und weihen mir eine Thräne; glaubt mir, ehrwürdiger Diener der Sonne! in euren Pagoden fliessen eure Thränen nicht in der Unschuld, wie sie hier fliessen im Schoose der Natur.

Assar. Kehre mit mir zurück, edler Greiß! vergiß die Beleidigungen —

Beng. Beleidigungen schreibe ich auf Sand, Wohlthaten auf Granith — ein reines Gewissen war mein Gesetz, und Liebe für meinen König das größte Geschenk der Gottheit, das sie mir verleihen konnte.

Vierter Auftritt.

Vorige. Badur mit Pfeil, Bogen und Schild, mit ihm Minni, die Uebrigen.

Badur. Ich bin bereit, euch zu folgen, ehrwürdiger Priester der Sonne!

Assar.

Aſſar. Jüngling! wir werden deinen Muth nöthig haben. Europäiſche Schiffe ſcheuterten vor einigen Sonnenaufgängen an unſerer Küſte, ihre Mannſchaft zerſtreute ſich in die nahen Wälder. Die Opferprieſter des Jaka ſchickten ſchon viele der königlichen Nairen aus, um ſie zu fahen, und durch der Feinde Tod ihre rachgierige Gottheit zu verſöhnen.

Badur. Unerſchrockener Muth ſtähle meinen Arm. (ergreift Minnis Hand) Alter! blicket hieher — Liebe umſchlingt mich mit Roſenketten, aber ſie ſind nicht ſtark genug, die Pflichten zu vergeſſen, die ich meinem Vaterlande ſchuldig bin.

Minni. (ihn umfaſſend) Badur! eile — erndte Ruhm im Freyheitskampf für deinen König.

Badur. Mädchen! ſo biſt du meiner Liebe werth — Lebe wohl — Minni! ich folge dem Ruff der Ehre —

Beng. (ſegnet ihn) Und dem Ruffe der Gottheit — ſie wird dich ſchützen!

Arie.
Badur.

Bramas Söhne! zu den Waffen!
Ruh' und Frieden uns zu ſchaffen,
 Kämpf' ich mit euch Hand in Hand,
 Muthig für das Vaterland!
Wer mag unſrer Pfeile Spitzen
 Im Gefechte widerſtehn?

Um im Kampfe uns zu schützen,
Laßt uns zu der Gottheit flehn.
(Alles stürzt gegen Sonnenaufgang zur Erde)
Die heil'ge Fahne winkt zum Streit,
Gott ist es, der uns Kraft verleiht.
(Alles steht muthvoll auf.)

Chor von Allen.

Eilet, Brüder! zu den Waffen,
Ruhe, Frieden uns zu schaffen —
Kämpfet mit vereinter Hand,
Denn es gilt fürs Vaterland!

(Alle ab)

Fünfter Auftritt.

Mouba bleibt zurück, dazu Tita.

Mouba. (höchst verdrüßlich) Da hat er nun — hab ja gleich dem Europäer angesehen, daß er nichts taugt.

Tita. (mit einem Fischbüttchen, Angelruthe und Fischgarn, hüpft fröhlich aus der Hütte) Nun will ich eilend in die Bucht fahren — lieber Mouba!

Mouba. Je nun! das könnt ihr thun; werdet ohnehin nicht lange mehr Fische aus eurer Bucht fangen können.

Tita. Nun — warum bist du denn so mißmuthig?

Mouba

Mouba. (vor sich hinbrummend) Habs ihm oft genug gesagt — (laut) ihr wisset vielleicht noch nicht, daß unser Aufenthalt entdeckt ist?

Tita. Wenn auch! der Vater sagt, wer nichts Böses gethan, dürfe sich vor keinem Menschen scheuen.

Mouba. Aber der Samorin verlangt, daß wir Alle an seinen Hof zurückkehren sollen.

Tita. (fröhlich) O guter Alter! — wäre das möglich!

Mouba. Wie? und ihr könnet euch darüber freuen?

Tita. Wohl freu' ich mich; ach! du und der Vater, und der Vater und du — ihr sprecht immer so alt kluges Zeug an mich hin, und da wird Tita die Zeit abscheulich lange dabey.

Mouba. Seit wann wird denn der kleinen Tita die Zeit lange, wenn sie sich mit ihrem Vater unterhält?

Tita. Seit wann? ja — das will ich dir gleich sagen. Sieh — vorhin dachte ich immer, hier zwischen diesen Felsen ist es recht gut seyn. Ich weide die Heerde, fange Schildkröten, brate sie an der Sonne, o da war ich dir immer so vergnügt, so munter, hüpfte wie ein Reh durch den Wald; aber jetzt; (seufzt) ach! lieber Mouba! jetzt ist es oft ganz anders mit mir.

Mouba. So! und warum ganz anders?

Tita. Da seh' ich, wie Minni so freundlich mit meinem Bruder ist — sie nehmen einander am Kinn, küssen sich — und — und wenn ich das so mit ansehe, so wird mir so wunderlich ums Herz, die Röthe steigt mir in das Gesicht, der Athem verlegt sich —

Mouba. Ey — ey — ey — höchst wunderbar!

Tita. Ja — willst du es glauben, so gar im Traum ist mirs schon oft gewesen, als wenn mir jemand einen Kuß gegeben hätte, — und — wenn ich denn aufgewacht bin, und nichts gefunden habe, das mich geküßt hat — hör — da — da ist mirs recht zu Herzen gegangen.

Mouba. Sollte das möglich seyn? Aber seit wann fühlt ihr denn all diese Empfindungen?

Tita. Ach! seitdem der Vater den lustigen Europäer, den Jokolo in unsre Hütte aufgenommen hat.

Mouba. (beyseite) Der Verräther! —

Tita. Jetzt muß ich aber eilens fort in die Bucht, dort steht mein Kanot — ach — lieber Mouba! wenn ich nur einmal an meiner Angelruthe statt einem Fisch einen Mann fangen könnte — wie meynst du?

Mouba. Immer ärger! So eilet nur — ihr möchtet sonst zu spät nach Hause kommen.

Tita. O da sey du unbesorgt! Tita ist in all ihren Geschäften eilfertig, Tita kömmt nicht zu spät.

Lied.

Lied.

Wenn man die Arbeit früh beginnt,
  Erfrischt sich Herz und Blut;
Man ist so friedlich, froh gesinnt,
  Es geht nochmal so gut.
Ich fahr im Strome ab und auf,
  Und angle hin und her,
Fang täglich Fische mir vollauf,
  Mein Büttchen bleibt nicht leer.

———

Ach! fänden sich im Wasser doch
  Statt Fischen Männer nur;
Da fischt' ich emsiger weit noch,
  Verfolgte jede Spur.
Ich führe ab, und führe zu,
  Zög' oft den Angel an,
Und fischte täglich sonder Ruh,
  Bis einer hieng daran.

(Sie setzt sich in das Kanot, und fährt ab).

Sechster Auftritt.

Mouba allein, ihr nachblickend.

Mächtige Gottheit! was hab ich gehört? unschuldvoll flossen die Tage dieses jungen Mädchens dahin, und geraubt ist ihr nun auf immer die Ruhe ihrer Seele. (ab)

Siebenter Auftritt.

Fernando mit blosem Schwert, in der Kuppel hat er noch eine Pistole stecken, wird von einem Trupp Wilden verfolgt, sie sind mit Keulen und Pfeilen bewafnet.

Cavatina mit Chor.

Fernando.

Wer rettet mich aus der Barbaren Hand?
Wer schützet mich in diesem öden Land'?

Alle. (mit erhobenen Keulen — Ueberfall)
Ergieb dich! sonst wirst du erschlagen,
Brama versöhnet nur dein Blut!

Fernando.

Nein! alles — alles will ich wagen,
Im Kampf zu sterben, hab ich Muth —

Alle. Dringt kühner auf ihn ein —
Fern. Barbaren! haltet ein!
Alle. Er muß getödtet seyn.

(Sie überfallen ihn, er kämpft mit ihnen, wird übermannt — sie wollen ihn binden, er hat noch Zeit, seine Pistole loszuschiessen. Alle stürzen zur Erde, raffen sich aber plötzlich auf, und fliehen angstvoll davon.)

Fernando allein.

Du hast mich der Gefahr entrissen,
Du siehst des Dankes Thräne fliessen,
Erhabener! hör meinen Schwur!

Mich an dem Volke nicht zu rächen,
Des Landes Rechte nicht zu brechen,
Schwör' ich bey dir, Gott der Natur!

(ab.)

Achter Auftritt.

Geflochtenes Binsenzimmer, welches in eine Felsen=
höhle führt.

Bengal. Mouba.

Beng. Der Samorin verlangt mich nach Sangora zurück!

Mouba. (verdrüßlich) Herr! ich bleibe hier, denn ich kenne die Menschen —

Beng. Malai Manao ist ein gerechter König —

Mouba. Und würde noch gerechter seyn, wenn er allwissend wäre.

Beng. Er liebt sein Volk!

Mouba. Desto weniger lieben es seine Höflinge.

Beng. Ich wurde als Verräther des Lan=
des verwiesen.

Mouba. Weil ihr nicht den trügerischen Meinungen der Götzendiener beystimmen wolltet.

Beng. Der Katual ist todt, der mir Ehre und Ruhe raubte.

Mouba. (lächelt) Ha — ha — ha! al=
ter Mann! es giebt der Katuals noch mehrere in

San=

Sangora, und für diese lebst du als ehrlicher Mann immer noch zu lange. (ab)

Beng. Ja! ich bleibe hier — ich mag nicht in einem Lande wohnen, wo man die Verehrung einer Gottheit duldet, die durch unschuldiges Menschenblut versöhnt werden muß.

Neunter Auftritt.

Bengal. Tita.

Tita. Da bin ich schon wieder, lieber Vater!

Beng. Woher kömmst du! Tita!

Tita. Aus der Bucht! hab fischen wollen, aber — ich weiß nicht, mit mir wills nimmer recht gehen.

Beng. So!

Tita. (sich an ihren Vater schmiegend) Ich dächte, wenn ich Jemand hätte, der mich immer in die Bucht begleitete.

Beng. Meynst du? so werd' ich dir in die Zukunft unsern alten Freund Mouba zum Gesellschafter mitgeben

Tita. Ach nein! das mußt du nicht thun!

Beng. So will ich dich begleiten.

Tita. Nein! das ist auch nichts —

Beng. Was willst du denn?

Tita. Ja — das weiß ich nicht. —

Beng. Tita! Tita! — bist du nicht mehr gerne bey mir?

Tita.

Tita. (mit gesenktem Blick) O ja — freylich, wenn — (unschuldig) Ach! — ehedem war es doch ganz anders —

Beng. Je nun! so werd ich dich wieder nach Sangora zurückschicken.

Tita. Das thu, lieber Vater — aber du gehst doch auch mit?

Beng. Nimmermehr!

Tita. Du meynst also, ich soll allein nach Sangora? ohne dich? Tita ohne ihren Vater? (herzlich) O nein — ich bleibe bey dir.

Beng. Siehst du nun? auf diese Art wird es wohl am besten seyn, wenn wir zusammen hier bleiben.

Tita. (mit unterdrückten Thränen) Freylich — da hast du wohl Recht — aber — (munterer) wenn ich ja bey dir bleiben soll, (schmeichelnd) so thue mir doch einen Gefallen.

Beng. Du weißt ja, wie sehr ich dich liebe —

Tita. Sieh! deine Tita hat gar nichts zum Spielen — dem Bruder hast du eine Schwester gegeben, die mit ihm spielen kann, aber deine Tita hast du ganz vergessen. (bittend) Ech — lieber Vater! gieb mir doch auch einen Bruder zum Spielen — willst du?

Beng. (lächelnd) Noch ist es damit Zeit, liebe Tochter! vielleicht schickt dir der Zufall eben so einen Geliebten, als er deinem Bruder eine Gattinn brachte. Erwarte diesen Zeitpunkt, und du wirst glücklich werden. (ab)

Tita.

Tita. (allein) So! nun ja — du sprichst gerad wie der alte Mouba; der sagt auch immer, es sey nicht gut, wenn man den Kindern allzufrüh solche Spielwerke in die Hände gäbe. — (Man hört durch das Aeussere der Höhle die Bettelglöcklein eines Fakirs) Was hör' ich? o weh! ein Fakir! wenn ich nur hinaus könnte — aber da lauf ich ihm gerade in die Hände.

Zehnter Auftritt.

Tita. Jokolo, als Fakir, mit einem Glockenstab, über dem Rücken trägt er einen Queersack. Er öfnet die Thüre, und tritt mit Zeremonien ein.

Romanze.

Im stillen Walde hausen wir
　Zu Bramas Heiligthum geweiht!
Wir kommen — zu verkünden hier,
　Welch Glück die Sonne euch verleiht.
Mogetsch — Yasino — Barrala,
　Soluma — Tegetsch — Hallala!

Tita. (für sich) Ha, ha! ein kurioser, frommer Herr!

Ein weiser Mann, im stillen Thal
　Als frommer Fakir wohl bekannt,
Zieht hin und her, all überall,
　Sucht Freunde sich im ganzen Land.
Taratsch — Tixano — Kalikut
Baranka — Figgir — Liliput.

Tita.

Tita. Willkommen bey uns, ehrwürdiger Fakir!

Jokolo. (mit lächerlichen Zeremonien) Zwölfmal seyest du mir gesegnet, schönste Tochter der Sonne! Wichtige, höchst wichtige Nachrichten warten deiner.

Tita. Wichtige Nachrichten? kommt ihr vielleicht aus Sangora von dem Samorin?

Jokolo. Ich komme aus Sangora!

Tita. Nicht wahr, es wäre recht gut, wenn der Vater diese Einöde verliesse?

Jokolo. Freylich! Rosen gedeihen nie in einem unfruchtbaren Erdstrich.

Tita. (freudig) Ach! ihr sprecht gerade wie mein lieber Europäer; o der war ein guter, munterer Junge — wir hatten ihn alle so lieb — auf einmal des Nachts — (weint) der böse Mensch!

Jokolo. Lief er davon?

Tita. (schnell) Wie? ihr wißt?

Jokolo. Ich kenne ihn sehr gut.

Tita. Ihr?

Jokolo. Sah ihn oft in Sangora; der Samorin hat ihm 10tausend Xerefins geschenkt, hat ihm ein sehr wichtiges Hofamt anvertraut.

Tita. Der Samorin? ein Hofamt?

Jokolo. Er ist jetzt Papillonfänger bey seinen Weibern.

Tita. Papillonfänger? — lieber, frommer Herr! hat er euch nichts von einem Mädchen erzählt, das sich Tita nennt?

Jokolo. O sehr viel! er hat mir sogar aufgetragen, dem Mädchen einen Kuß zu geben, wenn ich es fände. (er giebt sich zu erkennen)

Tita. (schreyt auf) Jokolo!

Jokolo. Der bin ich mit Leib und Seele!

Tita. Wie kommst du denn in dieß fromme Gewand?

Jokolo. Durch mich wurde der Aufenthalt deines Vaters entdeckt, mich vor seiner Wuth zu schützen, hüllte ich mich in diese Kleider.

Tita. (nimmt ihn am Arme) Nun sollst du mir aber gewiß nicht mehr davon laufen — weißt du — (Sie greift nach dem Queersack) Was hast du denn hier in diesem Sack stecken, Jokolo?

Jokolo. In diesem Sack? da steckt meine Schwester darinn — die transportir ich allenthalben mit mir herum.

Tita. Deine Schwester?

Jokolo. (zieht seine Zitter heraus) Siehst du?

Tita. Das ist ja deine Zitter? o so gieb deiner Schwester gute Worte, daß sie liebliche Töne von sich gibt, damit der Vater nicht böse wird, dann wollen wir eines zusammen singen.

Jokolo. Und wenn ich singe — was ist denn mein Lohn?

Tita. Das, was ich dir immer dafür gab, ein Küßchen.

Duett.

Duett.

Jokolo.

Zuerst spielt man Cantabile,
Fällt mit piano ein —
Und steigt dann zum Amabile,
Singt zärtlich, sanft und fein.

Tita.

Recht so — ganz zart und fein
Muß dann die Stimme seyn.

Jokolo.

Dann fällt man ins Adagio,
Das rühret Herz und Sinn;

Tita.

Wie fühl' ich mich so selig froh
Der Ton reißt mich dahin.

Jokolo.

Dann folget Allegretto drauf,
Rasch stürmt s' Allegro ein,
Und dann fällt man in vollem Lauf
Ins Presto stark hinein.
Und rauscht Prestissimo der Ton,
Fängt man von Vorne an —
Da capo heißt es — dann kommt nun
Das Pizzikato dran.

Tita. (zieht Jokolos Hand an ihre Brust)

Horch! horch! das Klopfen fühl' ich nie,
Schon macht mein Herze Pizziki.

Beyde.
Sanft, wie ein lieblicher Gesang,
Flieh jeder Tag in Harmonie —
Die Zeit wird uns gewiß nicht lang,
Wir spielen immer Pizziki!

(Sie hüpfen lustig ab.)

Eilfter Auftritt.

(Waldgegend.)

Fernando allein, hernach Roberto.

Fern. (mit entblöster Klinge) Ha — dieser Ueberfall hätte mein Leben kosten können.

Rob. (schnell) Gut, daß ich dich finde; dein Vater, der Admiral schickte, wie ich von unsern zerstreuten Leuten höre, eine Gesandschaft an den König von Sangora.

Fern. Das that mein Vater?

Rob Fernando! als du vorhin den Anführer jener wilden Horde mit deinem Schwert verwundetest, er zu sinken begann, und du ihn auf deinen Schultern aus dem Gefechte trugest, warum thatest du das?

Fern. Weil mir mein Herz sagt, daß ich auch gegen meinen Feind menschlich seyn soll.

Rob. Wenn aber der Admiral —

Fern. Roberto! mein Vater schwur diesem Volk Rache; du weißt, daß er ehedem Statthalter der portugiesischen Pflanzstadt Guiana war,

wo

wo er vor 24 Jahren bey einem Ueberfall der Wilden meine Mutter und meine Schwester verloren hatte.

Rob. Ha! nun begreife ich den schrecklichen Groll, den er über diese unglückliche Nazion in seinem Herzen nährt.

Fern. Freund! Bruder! Laß uns Menschen seyn! Wir wollen unser Vaterland mit indianischen Schätzen, aber nicht mit Menschenblut bereichern.

Rob. Hier hast du meine Hand zur heiligen Versicherung, daß ich gleiche Gesinnung mit dir hege Nicht weit von hier ankert unser Schiff —

Fern. So eile, Freund! und bringe mir Nachricht, wie der König die Gesandschaft meines Vaters empfangen hat.

Rob. Ich eile — um dir frohe Bothschaft zu bringen. (ab)

Zwölfter Auftritt.

Fernando, hernach Minni mit Pfeil und Bogen in größter Angst heraus stürzend, sie wird von einer grossen Schlange verfolgt.

Fern. (lagert sich auf ein Felsenstück) Die guten Menschen! unverdorben wie die Natur — und wir kommen zu ihnen, um ihre Ruhe und Zufriedenheit zu stören.

Minni. Zu Hülfe! ich bin verloren! Mächtige Gottheit! rette mich!

Fern. (springt auf, und tödtet das Thier) Was seh' ich?

Minni. (stürzt auf die Knie mit erhobenem Blick) Dir bringe ich meinen Dank — gütige Gottheit! (gegen Fernando) aber — wer bist du? Retter meines Lebens! Du bist keiner der Unsrigen? Woher kömmst du, Fremdling!

Fern. Aus dem Gefecht! durch ihre Uebermacht schlugen sie uns in die Flucht.

Minni. Armer Jüngling! und wohin beginnst du? groß ist die Gefahr, die über deinem Haupte schwebt. Wenn sie dich treffen, so bist du verloren! Die Opferpriester feyern heute das Fest des bösen Gottes — an welchem alle Feinde, die sie fangen, geschlachtet werden.

Fern. Was hör' ich?

Minni. Komm mit mir, lieber Fremdling! mein Pflegevater bewohnt hier in der Nähe des Ganges eine Höhle; o er ist ein guter Mann, er wird dich gewiß gerne in seine Hütte aufnehmen.

Fern. Ich folge dir — holdes Mädchen! ein Geschöpf wie du, kann mich nicht betrügen. —

Arie.

Ja! in deinem Busen wohnen
 Hoher Sinn und Edelmuth;
Mädchen! wie kann ich dir lohnen,
 Was die Freundschaft an mir thut.
Tief in jedes Menschen Herzen
 Wirkt der Freundschaft Sympathie,

Die bey Freuden und bey Schmerzen
Sanft zerfließt in Harmonie.
Freundschaft! auf der Lebensreise
Sey du meine Führerin,
Lehr mich gut seyn, froh und weise,
Führe mich zum Ziele hin! (ab)

Dreyzehnter Auftritt.

(Palmengarten. Mitten ein erhöheter Thron, worauf der Samorin in seiner Pracht sitzt. — Hinter ihm ein junger Indianer mit einem Schirm, den er über des Königs Haupt hält. Das Ganze überschatten hohe Bananienbäume. Auf beyden Seiten die Nairen. Zaffer tanzt mit den Mädchen vor dem König. Der Samorin liegt auf einem Polster, und käut Betel, den ihm ein Sklave auf einer goldenen Taze reicht. Assar, Der Katual. Zadir. Volk.)

Tanz=Chor.

Auf! tanzet in Reihen
  Mit rauschendem Klang!
Den mächtigen König
  Preißt unser Gesang!
Hold lächelt sein Antlitz,
  Sanft grüßt uns sein Blick,
Ihn segne die Sonne
  Mit Freude und Glück!

(Der Samorin erhebt sich, und winkt — Sie hören auf zu tanzen.)

Sam.

Heil euch! mit tapfrer Hand
 Habt ihr zerstreut der Feinde Brut;
Heil unsrem Vaterland!
 Brama beseelte euren Muth.

Sam. Assar! so war dein Ansuchen umsonst den alten Bengal zur Rückkehre an meinen Hof zu bewegen?

Assar. Keine Macht in der Welt, so sprach der Greiß, soll vermögend seyn, meinen einsamen Ruheort zu verlassen.

Sam. (Man hört entfernt einen europäischen Marsch.) Was hör' ich?

Vierzehnter Auftritt.

Vorige. Zaffer stürzt vor dem Samorin zur Erde.

Zaffer. Unüberwindlichster Samorin! der Admiral der europäischen Flotte, dem du gnädiges Gehör versprachest, harret vor der Pforte deines Lustwaldes!

Sam. Ich will ihn sehen!

Fünfzehnter Auftritt.

Vorige. Der Admiral mit einigen Seeoffizieren. Soldaten. Matrosen tragen auf Pölstern Geschenke für den König. Der Admiral winkt. Die Soldaten präsentiren. Alle Indianer halten die linke Hand vor den Mund.

Sam. (mit Würde) Brama sey gelobt! —
 (Der

(Der Admiral beugt sich nach Landessitte dreymal mit in die Höhe gehobenen Händen) Laß mich vernehmen, Fremdling! aus welchem Lande tu kömmst, und was dich zu mir nach Saugora bringt?

Admir. (kniend) Ein großer König im Occident — Portugall ist der Nahme seines Reiches, wünscht mit dir, erhabenster Samorin! ein Bündniß zu schliessen. Hier ist das Beglaubigungsschreiben meines Monarchen! (er übergibt es) Mein König wünscht, sich deinen Freund nennen zu können, und von dir eben so genannt zu werden.

Sam. (winkt ihm) Ich heisse dich willkommen! und da dein König mein Freund zu seyn verlangt, so will ich auch der seinige seyn.

Katual. Europäer! sind das Eingebohrne mit dir, die vor einigen Sonnenaufgängen durch den Sturm an unser Ufer getrieben wurden?

Admir. Sie sinds! eben dieser Seesturm trennte mich von dem Schiffe meines Sohnes.

Zadir. Sie haben viele der Unsrigen ermordet, auch sind schon mehrere derselben eingebracht worden, welche heute vor Sonnenuntergang dem Gotte Jaka geopfert werden sollen.

Admir. Was hör' ich — (kleine Pause — sieht sich ergrimmt um) Geopfert? — doch — wir erwarten ihr Schicksal! — Hier, erhabener Samorin! überschickt dir mein König zum Beweise seiner ungeheuchelten Freundschaft einige Geschenke, welche du, wie ich hoffe, nicht verschmähen wirst. — (Er zeigt ihm dieselbe) Hier, dieser Säbel! diese künstlich gearbeitete, und mit kostbaren Edelsteinen eingelegte Königskrone! — Diese Stücke Scharlach, und diese Glocken!

Sam. (betrachtet alles mit Wohlgefallen) Du überraschest mich durch diese Geschenke. Ich erlaube dir, deine Leute an das Land zu bringen!

Admir. Deine Gnade erkenne ich mit dem innigsten Dank!

Sam. Du sollst deinem König sagen, daß der Samorin von Sangora gerecht ist.

Admir. Das bist du, erhabner Samorin!

Samor. Dein König bietet mir seine Freundschaft an, ich will ihm beweisen, daß ich sie zu schätzen weiß. — (Er tritt vom Thron)

Arie.

Freundschaft ist des Lebenswonne!
Durch sie gleicht der Fürst der Sonne,
  Welche Flur und Hain erquickt;
In ihm brennt der Gottheit Feuer,
Er zerreißt den düstern Schleyer,
  Der die Menschheit niederdrückt.
Leitet ihn der Freundschaft Hand,
Segnet ihn das Vaterland;
  Denn als Liebling der Natur,
  Folget er der Gottheit Spur. (ab)

(Alles begleitet ihn bis auf Zadir und den Katual.)

Katual. (heimtückisch) Was haltet ihr von der gnädigen Behandlung des Samorins gegen jene Fremdlinge?

Zabir. Wehe uns, wenn diese Leute festen Fuß in Sangora bekommen! Reisende behaupten, daß es ein herrschsüchtiges, geitziges Volk seye. Selbst unser Opferdienst ist in Gefahr!

Katual. Zabir! ihr machet euch um die Gottheit, um das Volk — um das Wohl des Landes verdient, wenn ihr die Absichten dieser Fremdlinge zernichtet.

Zabir. Trauet auf mich! Katual! Ihr wisset, wer uns im Wege ist, der muß fallen. Folgt mir zur weiteren Erläuterung meines Planes. (ab)

Sechzehnter Auftritt.

Selaida, Miris, Ibrana, Ninon, hernach Jaffer.

Selaide. Schwestern! unter jenen Fremdlingen giebt es allerliebste Männer.

Miris. Ach! wie freue ich mich, wenn sie hier bey uns in Sangora bleiben.

Ninon. Wo denn unser Papillonfänger so lange bleiben mag?

Jaffer. So! da steht ihr nun ganz frank und frey? hurtig! hinein in euer Käficht! ihr wißt, daß ihr euch ohne mich nirgend aufhalten sollet? marsch! hinein! — (sie versammeln sich alle um ihn — schmeichelnd.)

Ni=

Ninon. Ach! nur noch einige Augenblicke laß uns hier — wir wollen dich auch recht lieb haben.

Zaffer. Daran liegt mir nichts, gar nichts — hinein!

Ibrana. Wir wollen dir auch eine Flasche Rosinmeth schenken.

Zaffer. Ich hab keinen Durst. —

Selaide. Den schönsten Papillon, den ich habe, will ich dir geben.

Zaffer. Ich hätt den Teufel von euren verdammten Buttervögeln — hinein!

Ninon. So schick uns doch den fremden Europäer, damit wir wenigstens nicht immer mit einem so unvernünftigen Vieh, wie du bist, — umgehen dürfen.

Zaffer. (auffahrend) Was? ich ein unvernünftiges Vieh! dem Europäer schneid' ich nächstens die Ohren ab, wollt ihr das glauben?

Ibrana. Wem? dem Jokolo? dem Liebling des Samorins?

Alle. (über ihn) Dann sollst du deine Wunder sehen, du abscheulicher Mensch du! mit unsern Händen kratzten wir dir die Augen aus

Zaffer (fällt auf die Knie — schreyt) Ach! zu Hülfe — Barmherzigkeit, ihr schöne, allerliebste Jungferchen!

Alle. (drohend) Rühr dich noch einmal, du elender Sklave! so sollst du unsere Hände fühlen. (Alle ab)

Sieben=

Siebenzehnter Auftritt.

Zaffer allein.

(Er steht auf) O ihr — o ihr Krokodile ihr! Ich muß sie nur wieder gut machen! Der verdammte Papillonfänger! und wodurch hat er sich so tief in die Gunst dieser Mädchen eingeschlichen? durch seine Zitter! Ja — wenn ich nur eine Zitter hätte — Musik und Tanz ist der beßte Köder, womit man die Mädchen an sich locken kann.

Lied.

Wenn ich eine Zitter hätte,
Alle Mädchen — ja — ich wette,
Alle — Alle wären mein!
  Die Musik kann sie gewinnen,
  Denn sie schmeichelt ihren Sinnen,
    Ladet sie zur Liebe ein.
Wenn ich eine Zitter hätte,
Alle — alle, groß und klein,
Braun und Blonde wären mein.

———

Die Musik jagt sie ins Feuer,
Hebt das Herz der Mädchen freyer
  Bey dem frohen Saitenspiel!
Wenn man sie im Arm so wieget,
Sich an ihre Seite schmieget,
  O dann ist man bald am Ziel.

Wenn ich eine Zitter hätte,
Alle — alle, groß und klein,
Braun und Blonde wären mein! (ab)

Achtzehnter Auftritt.

(Waldgegend mit einer Binsenhütte.)

Fernando, hernach Jokolo.

Fern. (aus der Hütte) Gute Menschen! Verbrechen wäre es, wenn man euch eurer häuß=lichen Zufriedenheit berauben wollte.

Jok. (trägt Fische) Da bin ich wieder! Aber wen seh' ich? (in höchster Verwunderung) Herr Seekapitain!

Fern. (eben so) Jokolo! Bist du es selbst, oder ist es dein Geist? Wir glaubten, die Mee=reswellen hätten dich verschlungen, und du lebst?

Jok. Frisch und gesund? Wußtet ja wohl, daß ich kein Liebhaber von gesalzenem Meerwasser war. Wie kommet denn ihr in diese Hütte?

Fern. Durch die Gutherzigkeit eines Mäd=chens, das ich vom Tode rettete.

Jok. Herr! wenn euch euer Leben lieb ist, so eilet an Bord. So eben überbrachte man dem König die Nachricht, daß ihr Heerführer im Gefecht getödtet wurde, schon machen die Priester Anstalt zu ihrem Opfer.

Fern. Noch färbte ich meine Klinge nicht mit dem Blute eines Indianers; Jokolo! du harrest meiner in dieser Hütte — ich erwarte

Nach=

Nachricht von Roberto. Dann eilen wir zu unsern Schiffen. (ab)

Jok. Dem Himmel sey gedankt, daß ich ihn wieder habe. Wie wunderbar doch des Menschen Schicksale sind! Als armer Student zog ich nach Indien, verdiene mir auf die leichteste Art von der Welt zehentausend Xerefins, und meine schönste Eroberung noch oben drein ist ein hübsches Mädchen! hahaha! Ist doch wahrlich ein wunderbares Ding um das Menschenleben!

Arie.

Das Leben ist ein Würfelspiel,
Bald trifft man wenig und bald viel!
 Bey Eins tritt man das Leben an,
 Da schläft, und ißt und trinket man.
Bey Zwey kommt man schon auf die Bein,
Und lacht und springt in Tag hinein.
 Bey Drey lebt man schon frank und frey,
 Man weiß noch nicht, was Leben sey.
Bey Vier wird schon so was gefühlt,
Daß man bey Fünf nach Mädchen schielt;
 Und sind die Fünfe kaum vollbracht,
 Wird schon auf Mädchen Jagd gemacht.
Bey Sechs nimmt man zum Zeitvertreib
Zur Lebensreise sich ein Weib.
 Da giebts denn Pasch' Jahr ein, Jahr aus,
 Von Kindern wimmelt bald das Haus.
Aus Sechs wird Zwölf, und wohl noch mehr,
Am Ende spielt sichs matt und schwer.

Und wenn der Würfel nimmer fällt,
So heißt es, gute Nacht, o Welt! (ab)

Neunzehnter Auftritt.

Bengal. Minny aus der Hütte. Mouba. hernach ein Indianer.

Beng. Kinder! reichet dem Fremdling Alles, was ihr in eurer Vorrathskammer habt; Freundschaft und Mitleid ziehen mich mit magnetischer Kraft an seinen Busen hin.

Indianer. (hereinstürzend) Ja — ihr seyds! Gütige Gottheit! daß ich der Unglückliche seyn muß, euch die Trauerkunde zu überbringen.

Beng. Woher kömmst du mit deiner Unglücksmine?

Ind. Von unserem Heer! ich sah, wie euer Sohn kämpfte wie ein Held; aber auch sinken sah' ich ihn, unsern Anführer — in unsrer Mitte!

Beng. Meinen Sohn!

Minn. (sich an Bengal schmiegend) O mein Vater!

Zwanzigster Auftritt.

Vorige. Tita mit Früchten und einer Methflasche, sie führt Fernando an der Hand.

Tita. Hier — lieber Fremdling! bringe ich dir

dir Maniok und Colibrieyer, und Datteln — laß es dir schmecken!

Ind. (erblickt Fernando) Heilige Sonne! wen seh' ich? Der Anführer unserer Feinde! (ergreift Bengals Arm) Alter! dieß ist der Mörder deines Sohnes!

Alle. Brama! was hör' ich! (Sie weichen erschreckt von ihm zurück, und lassen ihn in der Mitte stehen. Schreckliche Pause.)

Finale.

Mouba. Tita. Minny. Fernando.

Er ist nicht mehr!
Dahin sind unsre Hofnungen,
Mit ihm sind unsre Freuden hin!

Mouba. (zu Fern.)

Flieh! du hast sein Bestes ihm entrissen,
Bald wird er aus Gram nun sterben müssen.

Fern. (zu Bengal.)

Fasse dich! ich trug selbst deinen Sohn
Aus der Schlacht auf meinem Arm davon.

Tita.
So vergieb ihm, Vater!

Beng.
Ihm vergeben?

(Sie wollen ihn mit Pfeilen morden.)

Tita. Minny (stürzen hin)
Ach — ich flehe für sein junges Leben!

Ein und zwanzigster Auftritt.

Vorige. Jokolo schnell hereineilend, ausser Athem.

Jok.

Ich — ach! ach! Herr! kommt mit mir!

Fern.

Jokolo! was willst du hier?

Jok.

Rettet euch, und eilt davon,
Denn die Priester kommen schon.
    Euch zu binden,
    Euch zu schinden!
    Zu ersticken
    Und zu zwicken!
    Euch in Gnaden
    Ganz zu braten!
    Frikassiren
    Und transchiren!
    Zu zerreissen
    Und zu speisen!
Lieber Herr! ach! eilt davon,
Denn die Priester kommen schon!
(Man hört den entfernten kläglichen Priesterchor.)

Fern.

Jokolo! was höre ich! —

    Alle. (untereinander, jedes für sich.)

Horcht! die Priester nahen sich,
Wiederhallen fürchterlich
Hören wir den Klageton —

Jok.

Jok.
Lieber Herr! ach eilt davon!

Zwey und zwanzigster Auftritt.

Vorige. Die Opferpriester nähern sich mit heiliger
Ceremonie. Indianer.

Die Priester. (zu Bengal.)
Wir rufen dich ins Opferthal;
Dort fallen durch den heil'gen Stahl
Die Mörder durch des Rächers Hand!

Mouba.
Er starb den Tod fürs Vaterland!

Ind.
Hier steht der Mörder seines Sohnes!

Priest.
Wie? dieß der Mörder seines Sohnes?

Opferpr.
Auf, nehmet ihn, und führt ihn fort,
Zum Tode an den Opferort.

Jokolo. (beiseite)
Ha! ich stehe wie auf Kohlen,
Ich muß seinen Vater holen,
Um zu retten seinen Sohn
Pfeilschnell eile ich davon. (ab)

Fern. (zieht sein Schwert.)
Hohn den barbarischen Gesetzen!
Und wer es wagt, sie zu verletzen,
Bezahlet es mit seinem Blut. —

Indianer. (stürzen mit wildem Geschrey auf ihn ein, heben ihre Keulen)

Sein Tod versöhne unsre Wuth. (Er wird übermannt, sie winden ihm das Schwert aus der Hand, und führen ihn fort)

Drey und zwanzigster Auftritt.

(Heiliger Hayn. Im Hintergrund das Aeussere der Pagode mit einer metallenen Thüre. Wenn sie geöffnet wird, sieht man auf einem Altar das heilige Feuer brennen — Im Hintergrund ist das Symbol des Jaka. Auf beyden Seiten der Thüren stehen Götzen. Die Oberpriesterinn mit Opferjungfrauen. Sie haben goldene Urnen mit Rauchwerk, und knien vor der geschlossenen Thüre.)

Feyerlicher Chor.

Mächt'ge Gottheit! dir zu ehren
Strömt der Feinde Blut;
Preiß dir! um sie zu zerstören,
Stärkst du unsern Muth.

(Rauschender Jubelchor in der Ferne.)

Oberpriesterinn.

Der König kömmt! wir sind bereit
Zum Opfer — Jakas Lob geweiht!

Vier

Vier und zwanzigster Auftritt.

(Der Samorin von seinem Volke getragen, hinter ihm ein Mohr mit einem Sonnenschirm. Der König ist von seinen Nairen umgeben. Der Katual. Assar. Zaffer. Die Mädchen verschleyert. Volk.)

Chor.
Er kommt, dem Opfer beyzuwohnen,
  Des Landes Mächtigster!
Brama soll ihn mit Segen lohnen;
  Heil Dir, Erhabenster!

(Unter diesem Chor legen sich die Sklaven nieder. Der Samorin steigt auf ihrem Rücken ab.)

Samorin.
Auf, Priesterinn! der Gottheit Willen
Sollst du dem Volke jetzt enthüllen. —

(Die Opferpriesterinn und die Jungfrauen legen sich mit dem Gesicht zu den Stuffen der Pforte. — Die ehernen Thüren der Pagode stürzen unter einem schrecklichen Donnerknall auf, Flammen umgeben den Altar. Alles stürzt zur Erde.)

Orakel-Chor.
Der Gottheit Wille heißt es gut,
Wohlan! vergießt der Feinde Blut!

Alle. (Stehen auf)
Das heil'ge Opfer werd' erfüllt,
Hört! wie der Donner zürnend brüllt!
  So lange wird die Gottheit grollen,
  Bis zur Versöhnung Blut wir zollen.

Fünf und zwanzigster Auftritt.

Die Oberpriesterinn zündet das heilige Feuer an, sie hält das Opfermesser über dasselbe. Fernando mit Zadir und den übrigen Opferpriestern. Bengal, Mouba, Indianer. Der Admiral und Jokolo vermummt begleiten den Zug. Mehrere Vermummte. Hinter ihnen dringen sich durch das Volk Tita und Minni. Sie stürzen zu des Königs Füssen.

Tita. Minni.
König! schenke ihm das Leben,
Du kannst ihn uns wiedergeben.

König.
Er hat Bengals Sohn gemordet!

Beyde.
Blut verlangt die Gottheit nicht!

Priester.
Auf erfüllet eure Pflicht!

Alle.
Zum Opfer! zum Opfer! den heiligen Willen
Der Gottheit lasset uns treulich erfüllen.

(Die Oberpriesterinn nähert sich Fernando, sie erhebt ihre Hand.)

Empfange hier durch diesen heil'gen Stahl —

Der Admiral und Jokolo schiessen zugleich eine Pistole los. — Europäische Soldaten stürzen herein. — Alle Indianer fallen vor Angst mit dem Gesicht zur Erde.

Robert.
Befreyet ihn — errettet ihn —

Fernando. (zu den Seinigen)
Haltet ein! Vater! —

Alle. (unter sich zitternd)
Ha! welch ein Donnerknall!
Die Gottheit zürnt!

(Wie die Mädchen Fernando befreyt sehen, stehen sie auf und umringen ihn.)

Der Admiral und Jokolo. (entlarven sich)
Hört ihr den Donnerknall?
Die Gottheit zürnt!

Fernando.
Saht ihr den Blitz aus Wolken brechen,
Die Gottheit wird sich schrecklich rächen,
Wenn heute Blut zum Opfer raucht,
Eh noch ins Meer die Sonne taucht.

Sechs und zwanzigster Auftritt.

Vorige. Badur, mit Bramas Fahne. Mehrere Indianer.

Badur. (noch ferne)
Brüder! mir nach!

Die Uebrigen.
Durchgedrungen!

Alle. (untereinander)
Welche Stimme!

Babur. (stürzt herein)
Ha umschlungen
Find' ich sie von einem Mann!
(Tita. Minni eilen ihm in den Arm.)

Minni.

Geliebter!

Tita.

Bruder!

Alle.

Bengals Sohn!

(Babur wendet sich um, und will Fernando morden.)

Babur.

Stirb — Verräther!

(Er erkennt Fernando — wirft Pfeile und Bögen weg, und liegt ihm in dem Arm.)

Fernando.

Dein Erretter!

Alle.

Sein Erretter!

Babur.

Fremdling! ach! wo find ich dich?
(Gegen den König.)
Im Getümmel traff er mich,
Und trug mich voll Menschlichkeit
Aus der Schlacht in Sicherheit.

Recitat.

König. (zu dem Admiral und Fernando)
Ich reiche euch zum Freundschaftsbund die Hand,
(zu Badur)
Als Retter weih' ich dich fürs Vaterland!
Mit Ruhm und Ehre werdest du gekrönt,
Der Gottheit Zorn sey ganz versöhnt!

Jubel=Chor.

Heil unsrem König!
Heil dir, Erretter!
Den des Volkes Lob erhebt;
Und dessen Nachruhm
In vollem Glanze
Noch bey späten Enkeln lebt.
Heil ihm, so jauchzt das Vaterland,
Weil Brama ihm den Lorbeer wand!
(Gruppe von Allen.)

Ende des ersten Aufzuges.

Zweyter Aufzug.

Erster Auftritt.

(Waldgegend mit einer Binsenhütte.) Bengale Ellaven hucken um ein Feuer mit einem Rost, worauf sie Fische braten Zilli. Mehrere.

Chor.
Kaum stralt in ihrer goldnen Pracht
  Die Sonne in dem Thal.
So heißt es: früh sich aufgemacht,
  Zu unsrem Morgenmahl!
Dann kehren wir vergnügt nach Haus
  In die Einsiedeley,
Und ruhen von der Arbeit aus,
  Und sind vergnügt dabey.

Zweyter Auftritt.

Vorige. Tita hüpft munter einher, und trägt auf dem Rücken einige weiße Kaninnchen.

Tita. Seyd ihr schon aus der Bucht zurück? Da seht! Ich komme auch nicht leer von
der

der Jagd. Hab da zwey Kaninchen mit meinen Pfeilen getödtet. Aber sag mir, Zilli! ist der Vater schon aus der Hütte gegangen?

Zilli. Schon vor Sonnenaufgang! er hat mir auf das strengste verbothen, den europäischen Fremdling zu wecken.

Tita. (schnell) Wie? er schläft noch? in unserer Höhle? da muß ich eilend zu ihm — ich will ihn wecken. Ach, Zilli! jetzt gefällt mir diese einsame Gegend noch einmal so gut — alles um mich her lacht mir froher entgegen, und an seiner Seite durch Flur und Wald — o da beneid' ich an Erdenglück nicht die Königinn von Sangora.

Lied.

Ganz Sorgenleer
Hüpf' ich einher
Mit mir lacht die Natur,
Ich folg der Freude Spur. Huſſi! Huſſa!

Fluren und Hain
Laden mich ein;
Lockend schallt mir ins Ohr,
Munterer Vögel-Chor. Huſſi! Huſſa!

Weil mir die Welt
Herrlich gefällt —
Hüpf' ich mit frohem Sinn,
Scherzend durchs Leben hin. Huſſi! Huſſa!
(hüpft ab.)

Drit-

Dritter Auftritt.

Bengal. Mouba.

Mouba. Seitdem der Frembling unsern Aufenthalt verrathen hat, ist Ruhe und Zufriedenheit aus unserer Hütte entwichen.

Beng. Und doch fesselt mich ein wunderbares Gefühl an jenen liebenswürdigen Europäer.

Mouba. Er liebt eure Tochter!

Beng. Auch Tita liebt ihn.

Mouba. Er wird sie verführen.

Beng. Das wird er — das kann er nicht!

Mouba. Ich dächte, ihr solltet diesen Frembling so schnell als möglich entfernen.

Beng. Mouba! er hat meinen Sohn aus dem Gefechte getragen! Und ich sollt' ihn ausstossen aus meiner Hütte? Nein! Mouba! die Stimmung eines höheren Wesens nimmt mich für ihn ein, aber einer Probe will ich ihn aussetzen.

Mouba. Einer Probe, sagt ihr?

Beng. Ich will seine Rechtschaffenheit prüfen, und ist er der edle Jüngling, für den ich ihn halte, so segne ich heute noch Sohn und Tochter im Angesichte unserer Gottheit. (ab)

Mouba. (allein) Süß sind die Worte dieser Europäer, wie die Lappadfrucht, die den Gaumen kitzelt, und in einer Stunde den Tod bringt. O wie danke ich dem Schicksal, das mich in diese Einsamkeit brachte.

Arie.

Arie.

Einsamkeit schaft süsse Wonne,
  Ferne vom Geräusch der Welt
Stralt uns herrlicher die Sonne,
  Lacht uns schöner Flur und Feld.
Freundlich lächelt sie herab
Dem, der sich der Ruh' ergab,
  Allen nicht — sich selbst nur lebt,
  Wohlzuthun im Stillen strebt.

———

Alle Menschen durch Gefühle
  Waren eine Kette nur;
In dem Welt=und Lustgewühle
  Flohen sie von der Natur.
Nun herrscht Zwietracht ewiglich,
Brüder selbst verfolgen sich —
  Rauben Ehre sich und Glück,
  Nimmermehr kehr' ich zurück. (*)

Vierter Auftritt.

(Binsenzimmer mit der Höhle) Fernando schläft auf einer Matte. Tita schleicht herein, hinter ihr unbemerkt der Vater. Zilli.

Tita. Ja! dort liegt er! ach, wie sanft er schläft, wie seine braune Locken uin seinen Scheitel spielen. (Kleine Pause)

Beng. Du bist ja ganz in seinen Anblick versunken, meine Tochter!

Tita.

Tita. Ja — lieber Vater! das bin ich; — (bittend) aber nicht wahr, du behältst ihn doch hier — diesen schönen Mann?

Beng. Ja — er bleibt hier — aber du — (ergreift ihre Hand) meine Tochter! folgst jetzt deinem Vater —

Tita. Wie du auch eilst, und Tita möchte so gerne sehen, wie er erwacht. (Sie sieht immer nach Fernando hin.)

Beng. Zilli! du befolgst meinen Befehl! Komm mit mir, meine Tochter! (er zieht sie nach sich.)

Tita. Ich komm schon, lieber Vater! (sie reißt sich aus seiner Hand los) aber wart — nur eine Handvoll Moos unter seinen Kopf — (sie will dahin eilen.)

Beng. (holt sie zurück) Er wird erwachen — unmöglich! er darf uns hier nicht erblicken.

Tita. (mit unverwandtem Blick) Aber sieh nur — wie hart er liegt, wie seine Hand herabhängt — ich muß — (Sie versucht der Hand ihres Vaters zu entschlüpfen, Bengal führt sie zur Thüre.)

Beng. Komm, meine Tochter!

Tita. Hörst du, Zilli! du gehst auch mit — du hast hier nichts mehr zu thun, hörst du?

Beng. Zilli bleibt hier, und Tita geht mit mir!

Tita. Der garstige Mensch! (beyde ab.)

Fünfter

Fünfter Auftritt.

Fernando. Zilli. Mehrere Sklaven.

Zilli. Welch' eine edle Miene! (weckt Fern.) Erwache, erwache, Fremdling! aus deinem Schlaf, der dir den sichern Tod bringen wird.

Fern. (erwacht) Wer bist du? und was verlangst du von mir?

Zilli. Freyheit! und ich gebe dir dafür den herrlichsten Lohn.

Fern. (steht auf) Freyheit verlangst du von mir?

Zilli. In dem Innersten dieser Höhle ist eine goldene Urne aufbewahret, welche das kostbarste, was unser Land darbiethet, Gold und Edelgesteine in sich schließt.

Fern. Wozu das?

Zilli. Jener Alte, in dessen Händen du dich befindest, ist ein Landesverräther; er ist ein harter, grausamer Mann; der dich als seinen Sklaven bald zwingen wird, das Land zu bebauen.

Fern. Unmöglich!

Zilli. Der König hat einen hohen Preiß auf seinen Kopf gesetzt — Laß uns den Alten ausliefern, und jene Schätze untereinander theilen.

Fern. (packt Zilli an der Brust) Elender, verworfener Sklave! der Greiß soll erfahren, mit welchen Teufeln er umgeben ist.

Zilli

Zilli. Nicht so eilig! auf diesen Fall hab' ich mich vorgesehen. (Er klatscht in die Hand. Mehrere Sklaven kommen.)

Alle. (mit gezückten Dolchen) Dein Leben — oder —

Zilli. Wähle! sey das Oberhaupt unserer Verschwörung, oder stirb von unsern Händen — (Bengal in der Ferne.)

Fern. Ha! ich vertheidige das Leben dieser guten Menschen mit meinem Schwert — (er zieht seine Klinge)

Sechster Auftritt.

Vorige. Bengal stürzt in seine Arme.

Beng. Vergieb, edler Fremdling! mein Mißtrauen! Ich bin zu schrecklich betrogen worden, um dir diese harte Prüfung ersparen zu können.

Fern. Wäre es möglich, daß diese Menschen —

Beng. Sie sind meine Freunde — waren einst Mitgenossen meines Glücks; bleibe bey mir, Fremdling! ich habe dich bewährt gefunden. — Sey unser Freund —

Siebenter Auftritt.

Vorige. Tita.

Tita. Bist du schon erwacht, lieber Europäer!

Beng.

Beng. Fremdling! Blicke mir frey in das Auge. Dieses Mädchen ist noch die einzige Glückseligkeit meiner letzten Lebenstage. Jüngling! sie liebt dich — Ich lernte einst den Gott der Europäer kennen, als vor 24 Jahren die Eurigen das erstemal nach Indien kamen — euer Gott ist auch mein Gott! Schwöreſt du mir bey dem erhabenen Wesen, das du anbetest, dieses Mädchen zu lieben mit ehelicher Treue, so geb' ich sie dir zum Weibe.

Fern. (nach einer Pause) Ich schwöre!

Beng. So folgt mir, meine Kinder! daß ich euch segne im Angesichte des Himmels! (ab mit den Sklaven. Fernando und Tita fallen sich mit Entzücken in die Arme.)

Tita. Du bist mein — du willst mich lieben?

Duett.

Tita.

Jüngling! wie bist du so schön,
Ich kann dir nicht widerstehn,
  Buhle um Liebe und Glück,
  Alles bezaubert dein Blick.

Fern.

Mädchen! an Reitzen so reich,
Lieblich, den Engeln selbst gleich.
  Unschuld und Tugend allein
  Weihen zur Liebe dich ein;

Tita.

Bist du mir gut?

D   Fern.

Fern.

Dich liebt meine Seele.

Tita.

Willst du mein seyn?

Fern.

Du bists, die ich wähle.

Beyde.

Frey stets von Kummer und Plage
Leben wir glückliche Tage —
 Unter Scherzen und Kuß,
 In der Liebe Genuß. (ab)

Achter Auftritt.

Mouba. Zilli. Bengal.

Mouba. Dacht' ichs doch — Wüsten und Vulkane können uns nicht für den Ungeheuern schützen, die man Menschen nennt.

Neunter Auftritt.

Vorige. Tita ausser Athem. Fernando.

Tita. Vater! guter Vater! schütze deine Tochter, rette deine Tita. Abgesandte des Samorins harren vor der Höhle — sie wollen mich nach Sangora zurückhohlen.

Beng Meine Tochter! und du fühlst nicht das Glück, das deiner harret, Gemahlinn unseres Samorins zu werden?

Fern.

Fern. (ergreift Bengals Hand) Alter! du handelst unedel an mir!

Beng. Jüngling! höre und dann verdamme mich. Es ist eines der fürnehmsten Landesgesetze in Sangora, daß jedes Mädchen zum Tode verurtheilt wird, wenn sie die Hand eines Samorins ausschlägt.

Fern. Welche Grausamkeit!

Beng. Willst du ihren Tod? nun, so nimm sie hin! aber kaum, daß du einen Kuß ihren blühenden Wangen stahlest, wird sie der Raub einer rachglerigen Gottheit werden. Die unversöhnlichen Diener des Jaka führen sie zum Tode; und dann waide dich, wenn du sie auf dem Scheiterhaufen erblickst, sie mitten unter den Flammen ihren Geliebten sucht, unter nähmenloser Quaal dich als ihren Mörder findet.

Fern. Halt ein, Alter! —

Beng. Ich versprach dir meine Tochter — willst du sie noch? so nimm sie hin!

Fern. Nimmermehr!

Tita. Du willst mich verlassen? Lieber Fremdling!

Fern. (nach innerem Kampf) Verlassen — um dich zu retten, so wahr ein Gott über mir ist. (schnell ab)

Beng. Und nun fort nach Sangora! in die Mauern des Friedens! (Alle ab)

D 2 Zehn=

Zehnter Auftritt.

(Seeufer. Portugießische Flaggen wehen auf den Schiffen. Einige Zelte sind nahe bey dem Gestade aufgesteckt. Zwey Schiffsoldaten bringen Jokolo.)

Soldat. Nur her, Spitzbube! unser Admiral soll dich kennen lernen.

Jok. So laßt mich nur aus! ihr zerrt mich ja umher, als wenn ich ein Flügelmantel von einem Bettelstudenten wäre.

1ter Sold. Er gibt vor, daß er von dem Gefolge unseres Seekapitains wäre.

2ter Sold. Er muß nichts Gutes im Sinn haben, denn er kroch auf dem Bauch wie ein Schneck, und spionirte unser Lager.

Eilfter Auftritt.

Vorige. Der Admiral tritt aus dem Zelt. Roberto.

Admir. Wen seh' ich? Jokolo! woher kömmst du?

Jok. Daher, wo man nicht gut von euch denkt.

Admir. (reicht ihm die Hand) Willkommen bey mir, lieber Reisegefährte, Retter meines Sohnes!

Jok. (zu dem nebenstehenden Schiffsoldaten) Da siehst du nun, Stockfisch! nicht alle sind Schnecken, die auf dem Bauche kriechen.

Admi-

Admir. Was haſt du mir zu entdecken, Jokolo?

Jok. Nehmt euch in Acht, Herr Admiral! traut den Hofleuten in Sangora nicht — ſie meynen es nicht gut mit euch.

Admir. Meynſt du? aber der Samorin?

Jok. Iſt ein ehrlicher Mann! aber wo iſt ein König in der Welt, der immer handeln kann, wie er gern möchte. Die Opferdiener des Jaka haben euren Untergang beſchloſſen — ſelbſt der Katual —

Admir. Vor einigen Wochen trennte dich der Sturm von unſrer Flotte —

Jok. Und nun begleite ich an des Samorins Hofe die Charge eines Kammermuſikus — wenn er zu Tiſch geht, ſo muſizir ich ihm Appetit in den Magen, und wenn er ſich ſchlafen legt, ſo muß ich ihn durch meine Zitter in ſüſſe Träume einlullen — zugleich bin ich Papillonfänger bey ſeinen Weibern!

Admir. Jokolo! eile nach Sangora zurück, deine Abweſenheit könnte Verdacht erregen.

Jok. Seyd ohne Sorgen, Herr Admiral! die Weiber ſchickten mich auf die Papillonjagd.

Admir. Ich erwarte von deiner Klugheit Alles — hundert Moidorſtück ſind deine Belohnung!

Jok. Verlaßt euch auf meinen Kopf. Herr Admiral! Ich habe die Weiber auf meiner Seite — dann kann mir's nicht fehlen.

D 3   Lieb.

Lied, (mit Kastagnetten.)

Ein kluger Kopf kommt durch die Welt,
  Ihm hilft Witz und Verstand.
Von ihm wird mancher Narr geprellt,
  Er zieht sie wie am Band.
Ein leerer Kopf taugt nirgend viel,
  Es hat schon eine Nacht
Den größten Lumpen in dem Spiel
  Zum reichen Mann gemacht.

———

Die Weiber haben ihn so gern,
  Er handelt stets mit Muth;
Betrügt mit List die feinen H.rrn,
  Drum sind ihm Weiber gut.
Der Mann, der es mit Weibern hält,
  Hat stets das schönste Loos,
Wohin ihm auch der Würfel fällt,
  Sitzt er dem Glück im Schooß. (ab)

Admir. (zu Rob.) Man schicke 12 unserer Piloten aus, um meinen Sohn davon zu benachrichtigen. (Man hört einen indianischen Marsch.) Was hör' ich? —

Zwölfter Auftritt.

Vorige. Ein Schiffsoldat.

Schiffsold. Ein Trupp Indianer! sie kommen in friedlicher Absicht — mit Geschenken für unsern König!

Admir,

Admir. Laßt einige Mannschaft unter das Gewehr tretten, der Trompeter gebe das Zeichen zum freundlichen Willkomm. — (Der Trompeter tritt auf das Verdeck, die übrigen unters Gewehr.)

Dreyzehnter Auftritt.

Vorige. Morney. der Katual mit den Nairen und vielen gemeinen Indianern. Sie bringen mehrere indianische Produkte zum Geschenke.

Kat. Seyd uns gegrüßt, ihr Fremdlinge aus entfernten Gegenden!

Admir. Ich danke euch im Nahmen meiner Brüder!

Morn. Wir haben den Auftrag von unserem erhabenen Samorin, euch die Geschenke, die er eurem König bestimmte, zu übergeben.

Admir. Euer Samorin ist sehr freygebig!

Kat. Hier — diese Gold und Silberstangen — eine Küste mit indianischen Vogelnestern, Mangos und Pisang beladen — diesen zahmen Löwen, diesen jungen Orang-Outang, und diese Kakadus —

Admir. Ich danke eurem Samorin im Nahmen meines Königs! (zu Rob.) Laßt diese Geschenke in das grosse Schiff bringen. (Roberto ab)

Kat. (forschend hin und herblickend) Ist das all dein Gefolge, das dich aus deinem Vaterland hieher begleitete?

Admir. Nur ein kleiner Theil desselben!

Kat. Willst du mir nicht folgen, Admiral! um dem Samorin für seine Geschenke zu danken?

Admir. Dank ist Pflicht! dein Samorin ist ein guter Fürst. (fixirend) Wohl mir, wenn seine Höflinge ihm gleichen.

Kat. (etwas betroffen) Es soll dir kein Unheil widerfahren. Folge uns, Admiral! —

Admir. (zu seinen Leuten) Ihr begleitet mich mit geladenem Gewehr!

Kat. Wozu diese grosse Begleitung?

Admir. Es ist so meine Gewohnheit! Ich komme zu Niemand anders, als in Begleitung meiner Soldaten und ihrer Donnerbüchsen. (Der indianische Marsch beginnt)

Es soll euch gleiche Ehre widerfahren. Trompeter! (Der Trompeter bläßt auf dem Verdeck. Alles ab)

Vierzehnter Auftritt.

(Gemach in des Samorins Pallast.)

Zabir. Assar.

Assar. Zabir! Ich halte diese Europäer für gute Menschen! Sie sind von ihrem König ausgesandt, mit unserem Samorin ein Freundschafts-Bündniß zu schließen.

Zabir. Haben nicht ihre betrügerischen Waffen schon ganze Strecken von Indien untrrjocht? Hörtest du nicht von deinen Buudesgenossen, daß
sie

sie den Hafen zu Monbaza mit Blut gefärbt, die Schiffe geplündert, und ihre Mannschaft mit sich genommen haben.

Assar. (nachdenkend) Freylich! So sagt man!

Zabir. Liebt der Samorin sein Volk, so vertilge er die Fremdlinge; sind sie Seeräuber, so hat er ein Recht, sie zu tödten.

Assar. Zabir! der Samorin hat kein Recht, Menschen zu morden nach seiner Willkühr.

Zabir. Leichtgläubigkeit ist die gefährlichste Eigenschaft eines Regenten. Klugheit und Mißtrauen sind ihm sichere Stützen seines Reichs. Der König lade den Admiral an seinen Hof, schläfre ihn ein mit zuvorkommender Gnade, dann nehme man ihn gefangen, und die übrigen werden getödtet.

Assar. Halt ein, Zabir! Nie gebe ich meine Einwilligung zu diesem schändlichen Unternehmen — ehe Malai Manao Samorin wurde, huldigte er der Menschheit, und so lang ihn diese Krone schmückt, wird er nie vergessen, Mensch zu seyn. (ab)

Fünfzehnter Auftritt.

Zabir allein. Die übrigen Jakadiener.

Zabir. (ihm nachblickend) Du bist ihr Freund, und ich hasse sie. Die Europäer müssen vertilgt werden, auch wenn sie der König mit seinem Diadem schützen wollte. (Die übrigen kommen). Brüder! der Untergang der Fremdlinge ist beschlossen! Unsere Gottheit sey Zeuge dieses feyerlichen Bündnisses. Ihr Zorn treffe uns, wenn wir das gute Werk vernachläßigen, wankelmüthig oder bundbrüchig werden.

Alle. Der Zorn unserer Gottheit treffe uns!

Zadir. Um unsere Absicht leichter zu erreichen, muß noch heute die Weihung unserer neuen Königinn gefeyert werden.

1ter Jakad. Wir müssen den Samorin zerstreuen, ihn von Regierungsgeschäften ablocken.

Zadir. Auch habe ich zu Jakas Ehre einen kleinen Betrug ersonnen. Der Zweck rechtfertiget die Mittel — der Himmel sieht auf das Innere, die Gottheit kennt unser Herz.

1ter Jakad. Was beginnt ihr, Zadir!

Zadir. Ihr kennet doch in dem nahen Palmenwald den Fakir Meluna; alles glaubt, er sey ein Zauberer, wisse künftige Dinge voraus zu sagen, sey oft begeistert. Gut! hier muß Inspiration seyn. Folgt mir! es ist zum Besten des Landes, zum Besten unsers Opferdienstes — die Gottheit unterstütze die edle Absicht! (ab)

Sechzehnter Auftritt.

Jokolo allein, hernach die Mädchen.

Jokolo. (hat einen grossen Schmetterling in der Hand) Dem Himmel sey gedankt, daß ich
wie=

wieder da bin. Nun heißt es gelauscht und spionirt, oder meine europäischen Landsleute finden ihr Grab in Sangora. (Die Weiber eilen herein, er sucht seinen Schmetterling zu verbergen)

Sel. Bist du schon hier, lieber Jokolo!

Miris. Warest du glücklich auf deinem Fang?

Sel. Laß mich doch diesen Vogel ein wenig anschauen.

Alle. Welche bunte Farben! (Sie wollen ihm den Schmetterling aus der Hand nehmen) Gieb her!

Jok. He! he! ihr Jüngferchen! nicht so hitzig! die Staubfarben dieses Vogels sind so fein aufgetragen, daß sie jeder Athemzug vernichtet.

Nin. So zeige uns denselben nur in der Ferne.

Jok. (sich aus ihrer Mitte entfernend) Da seht einmahl! welche grüne Lasurfarbe! die rothen Punkte an den Flügeln — hier oben ein Sonnenschirm von goldenen Sternchen.

Alle. Ach! wie schön! wie schön! den Vogel muß ich haben

Sel. Nein! ich will ihn haben — ich bin älter wie ihr — mir muß er ihn geben.

Alle. Nein! nein! mir! mir! (sie bestürmen ihn)

Jok. He! he! so habt nur ein bischen Geduld!

Nin. Ich gebe dir auch einen Kuß.

Mir. Ich gebe dir 2 Küsse.

Ibr. Ich gebe dir noch mehr, als 2 Küsse.

Sel.

Sel. Ich gebe dir alles, was du verlangst.

Jok. (beyseite) Wahrlich! hier zu Land sind die Mädchen gerad wie in Europa. (laut) So kommt einmal her, meine schönen Kinder! und küßt mich nach Herzenslust, so lang ihr wollt. (Zaffer streckt den Kopf zur Thüre herein)

Siebenzehnter Auftritt.
Vorige. Zaffer.

Zaffer. Spitzbube! Gauner! solche Streiche treibst du mit unsern Weibern? (die Mädchen entfliehen schnell) Küssen! Küssen! nun wart, unser gnädigster Samorin wird dir das Küssen vertreiben! Hab ich dich erwischt, Lecker!

Jok. Was du auch für Umstände machst, guter Freund! wenn ein paar hübsche Mädchen einen ehrlichen Kerl küssen wollen.

Zaffer. So! du, du Ehrenräuber! Schon recht! man wird mit einem so hergelaufenen Burschen nicht viele Umstände machen. Gespießt mußt du werden, du, du Taugenichts du!

Jok. (beyseite) Ich muß ihn zu gewinnen suchen. (laut) Aber sieh, guter Freund! wir könnten uns, ohne ein böses Wort darüber zu verlieren, ganz herrlich in dieses weibliche Kunstkabinet theilen.

Zaffer. (wird aufmerksam) Theilen? theilen? hört einmal den Spitzbuben — theilen? wie meynst du das? he!

Jok.

Jok. Unserer sind zwey Männer?

Zaffer. Nun ja!

Jok. Und der Mädchen giebt es hier viele?

Zaffer. Freylich!

Jok. Wie? wenn wir beyde mit des Samorins Weibern eine brüderliche Theilung vornähmen?

Zaffer. (schmunzelt) Hihihi! das Ding wär nicht so übel!

Jok. Sag du mir einmal, Brüderchen! bist du ein Liebhaber von einem braunen oder blonden Mädchen?

Zaffer. (lacht) Ich seh sie alle beyde gern.

Jok. Wirst doch nicht zwey auf einmal nehmen wollen?

Zaffer. Und warum nicht? Ich hab ja zwey Hände, warum soll ich nicht auch zwey Weiber haben können? Bey mir zu Land hält man sich Weiber, soviel man ihrer ernähren kann.

Jok. Hör guter Freund! ich finde die Einrichtung in deinem Vaterlande gar nicht unklug. Du nimmst also zwey, und ich nimm eine? denn ich hab mir sagen lassen, aus zwey grossen Uebeln soll man immer das Kleinste wählen. (ab)

Zaffer. Wär freylich schön, wenn man sich so ein paar Töchterchen an die Seite pflanzen könnte.

Lieb.

Lied.

Will man das Leben recht geniessen,
Muß man zwey Weiber sich erkiesen,
  Bald rechts, bald links zum Scherz und Kuß;
Denn gut ist gut, doch besser, besser!
Bey zwey ist stets die Freude grösser
  In unerschöpflichem Genuß.

Ich hab, wie jeder Mann — zwey Hände,
Sobald ich nun zwey Mädchen fände,
  Nähm ich mir eins an jede Hand;
Heut hätt' ich diese, morgen jene,
Bald die Brunett', bald die Blondine,
  Veränderung würzt den Ehestand. (a§)

Achtzehnter Auftritt.

Minni. Badur.

Badur. Schöne Minni! warum trübt sich deine sonst so heitere Mine in düstre Falten? Der Samorin überhäuft uns mit Gnadenbezeugungen.

Minni. Badur! einst lebte ich so glücklich in dem Schoose der Natur; an der Seite deines alten Vaters, an der Seite deiner unschuldigen Schwester schwand mir jeder Tag wie ein froher Traum dahin.

Badur. Und wirst du sie nicht wiedersehen die lieben Gesellschafter deiner Jugendzeit?

Minni. Du kennst aber den Haß deines Vaters für das Hofleben.

Badur. Der sich in Entzücken umwandeln muß, wenn er das Glück seiner Tochter vernehmen wird.

Neunzehnter Auftritt.

Vorige. Tita. Bengal. Mouba.

Minni. (eilt in Bengals Arme) Vater! guter Vater! —

Tita. Schwesterchen! wie kannst du es denn so lange hier aushalten? Ich bin erst einige Augenblicke da, und mir ist schon als wenn ich gern wieder fort möchte.

Minni. Wie, Tita! war es nicht immer dein sehnlichster Wunsch, unsere Einöde zu verlassen?

Tita. Ja — ja — da hast du freylich recht, aber dazumal hatte Tita auch noch keinen Bruder, der mit ihr spielte.

Bengal. (der indessen insgeheim mit seinem Sohne sprach) Ewiger Brama! daß ich auch so voreilig ihr Herz verschenken mußte.

Badur. Also der Europäer, der mein Leben rettete, der Geliebte meiner Schwester? (man hört rufen) Der Samorin!

Zwanzigster Auftritt.

Vorige. Der Samorin allein. Sie treten voll Ehrfurcht zurück, und stürzen zu seinen Füßen.

Samorin. (zu Bengal) Gesegnet seye mir deine Ankunft in Sangora, ehrwürdiger Greiß! du bleibest von nun an bey mir, und unterstützest mich durch deinen weisen Rath! (Er küßt ihn auf die Stirne)

Beng. Wo Fürsten die Unschuld ihrer Mitmenschen so rechtfertigen, da segnet Brama das Land.

Sam. Deinen Sohn machte ich zum Anführer meines Heeres! Dich aber, holdes Mädchen! erhebe ich zu meiner Gemahlinn — (Tita sieht stumm zur Erde)

Mouba. (für sich) Segen über den guten König!

Sam. Wie? und du dankest mir gar nicht für die Genugthuung, die ich deinem Vater zu leisten bereit bin?

Tita. (stotternd, ohne ihn anzublicken) Ach ja — ich, ich wollte so gerne — aber —

Beng. Verzeih, erhabenster Samorin! aber ihre Sinne fassen das Glück noch nicht, das ihrer harret.

Tita. (beyseite) Ach nein, Vater! das mußt du nicht sagen; ich weiß recht gut, was unser gnädigster Samorin von mir wünscht.

Sam. (zu Minni) Begleite deinen Vater in sein Gemach — (zu Bengal) in der grossen Pagode siehest du deine Töchter wieder vor den Stuffen des Altares.

Minni. Ich gehorche!

Beng. Heil unserem König! Heil dem gerechten Samorin! (ab)

(Kleine Pause.)

Sam. Und du sehnest dich nicht nach dem glücklichen Augenblick, holdes Geschöpf! worinn dich die Einwohner von Sangora als ihre Königinn verehren werden?

Tita. (stürzt zu seinen Füssen) Ach — gnädigster Herr! wenn du mich nur einige Sonnenaufgänge früher hättest nach Sangora bringen lassen!

Sam. Was höre ich? sollte frühere Liebe etwa — (Pause) o dann wäre Malai Manas unglücklicher als einer seiner ärmsten Unterthanen.

Quartett.

Samorin.

Was nützen Szepter, Land und Kronen,
Wenn Liebe nicht kann Fürsten lohnen?
  Was hilft uns Hoheit, Rang und Geld,
  Wenn uns nicht ehrt und schätzt die Welt?

Die Uebrigen.

Ja in der Liebe hohen Freuden
Muß selbst der Fürst den Bettler meiden.
  Denn alles kauft man nach Gewicht
  Des Goldes — nur die Liebe nicht. (Alle ab)

E   Ein

Ein und zwanzigster Auftritt.
(Palmenhain.)

Bengal. Fernando.

Fern. Ehrwürdiger Alter! wo ist deine Tochter? ich muß sie sehen.

Beng. Jüngling! ich hatte dich so lieb, ich wollte dich als meinen zweyten Sohn umarmen, den Segen der Gottheit über dich herabflehen, ob du gleich kein Eingebohrner, sondern einer der Fremdlinge bist, die hieher kamen, uns zu unterjochen.

Fern. Verflucht sey der Gedanke, wenn ich ihn je in meiner Seele hegte. Ich zog hieher, um das Land kennen zu lernen, das mir einst vor 24 Jahren das Leben gab.

Beng. (verwundernd) Wie? du wärest kein Europäer von Geburt?

Fern. Indien ist mein Vaterland!

Beng. Indien!

Fern. Mein Vater war Gouverneur der portugiesischen Pflanzstadt Guiana — 9 Jahre war ich alt, als unser Wohnort von den Eurigen zerstört wurde. Noch betäubt mein Ohr das wilde Geschrey der Sieger und das Wimmern der Sterbenden —

Beng. (beyseite) Gütige Gottheit! was hör' ich?

Fern. Mein Vater war in Lissabon — meine Mutter — (trocknet sich eine Thräne) ach! mit

mei-

meiner Schwester wollte sie entfliehen, da stürzten Ruinen zusammen und begruben sie im Schutt.

Beng. (beyseite) Ja! sie begruben sie im Schutt.

Fern. Plözlich trat ein Wilder hervor, entriß das weinende Kind den Flammen — auch ich wollte folgen, da schwang ein Indianer seine Keule, und sinnlos sank' ich zu Boden.

Beng. Jüngling! wunderbar sind der Gottheit Wege! Der Wilde, der das weinende Kind aus den Flammen zog, der Wilde, der es in seine Hütte brachte, es pflegte und zur Gattin seines Sohnes erzog — der Wilde war ich —

Fern. (stürzt ihm an den Hals) Alter, ehrwürdiger Mann! du der Retter meiner Schwester?

Beng. Hier dieses Diamantne Kreuz fand' ich an ihrem Hals — es sind Nahmen darein gegraben!

Fern. Johanna Isabella! der Nahme meiner Mutter! Alter! dein und mein Gott lohne deine Menschenliebe.

Beng. Ich trug das wimmernde Kind aus den Flammen — du trugest meinen verwundeten Sohn aus der Schlacht; Sieh! Jüngling! so lohnet die Vorsicht edle Handlungen durch die seligsten Folgen. (ab)

Fern. (allein) Ha! welche wonnevolle Nachricht für meinen alten Vater! und ich sollte die Hofnung schwinden lassen, seine Tochter zu befreyen?

E 2   Arie,

Arie.

Nein! du sollst in stolzen Mauern
Länger nicht um Liebe trauern,
 Den Gefahren troze ich.
Sollt' ich tausend Hindernissen
Muthvoll widerstehen müssen,
 Mädchen! retten will ich dich.
Liebe dringt durch Thurm und Schlösser,
Und wird die Gefahr auch grösser,
 Wächs't ihr Muth und ihr Verstand,
 Mächtig wirkt der Liebe Hand. (ab)

Zwey und zwanzigster Auftritt.

Admiral. Fernando.

Admir. Nun bin ich hier bewafnet — im Hinterhalt meine Leute. —

Fern. (kömmt zurück) Vater! wie froh bin ich, daß ich euch finde.

Admir. (entzieht sich kalt seiner Umarmung) Wie? und du konntest es wagen, dich auf einige Augenblicke aus den Armen deiner zärtlichen Indianerinn zu reissen — ich weiß von Allem. (wendet ihm aufgebracht den Rücken zu)

Fern. Vater! Ich fand ein holdes Mädchen, unschuldig wie die Natur.

Admir. Der König von Portugall schickte dich aus, um neue Länder zu erobern, aber nicht, um ihm Weiber nach Hause zu bringen.

         Fern.

Fern. Ueberlaßt mich meinem süssen Traume; Liebe erhöhet die Thaten des Jünglings, Liebe feuert ihn an zu grossen Unternehmungen.

Admir. Gut! davon sollest du mir Beweise geben — und hab ich deine Indianerinn in meiner Gewalt, dann will ich untersuchen, ob sie verdient, die Buhldirne meines Sohnes zu werden.

Fern. (die Hand an das Degengefäß) Buhldirne! Haltet ein, Vater! oder bey Gott! ich könnte vergessen, daß ich euer Sohn bin.

Admir. (zieht die Klinge) Du wagst es — Verwegener! —

Fern. Vater! Wisset, eben das Mädchen, das ich liebe, ist die Tochter eines Indianers, der bey dem Sturm von Guiana euer Kind aus den Flammen rettete.

Admir. (die Klinge entfällt seiner Hand) Gott! was hör' ich.

Fern. Leset den Nahmen eurer Gattinn auf diesem diamantnen Kreuz — eure Tochter lebt — geht hin zu ihrem Pflegevater, der sie groß erzog, und sagt ihm (bitter) daß er an seinem eigenen Kind eine Buhldirne erzeugt habe.

Admir. Sohn! vergieb deinem alten Vater — Meine Tochter lebt, sagst du? ha! ihr Bild wird die Rache auslöschen, die für diese Menschen in meinem Herzen lodert. Ich will sie aufsuchen, und hab ich sie in meinen Armen, o so will ich den Erdboden in Indien segnen, der so gute Menschen gedeihen ließ. (ab)

Drey und zwanzigster Auftritt.

Fernando. Jokolo.

Fern. Welche glückliche Tage harren meiner — die froheste Zukunft lächelt mir entgegen.

Jok. (schnell) Herr! rettet euch, oder ihr seyd verlohren. — Die Opferpriester des bösen Gottes haben eine fürchterliche Verschwörung wider euch angezettelt.

Fern. Jokolo! deine Nachricht beschleuniget meinen Entschluß. Täuschung zertrümmere ten Plan unserer Feinde! Ich muß meinen Vater, ich muß das Mädchen retten. (ab)

Vier und zwanzigster Auftritt.

Jokolo, zu ihm Minny, hernach Badur.

Jok. Täuschung? worinn aber diese Täuschung bestehen wird?

Minny. (ausser Athem) Ach! guter Fremdling! daß ich dich finde! Rette deine Brüder, schleunige Entfernung aus dem Pallaste kann sie allein vor der rachgierigen Verfolgung der Opferpriester retten.

Badur. (schnell) Minny! welche frohe Botschaft harret deiner — Bereite dich vor, eine Nachricht zu vernehmen, die dich entzücken wird. Der europäische Fremdling, den du in unsere Hütte brachtest, ist dein Bruder!

Jok. Ihr Bruder!

Miny. Mächtige Gottheit! was hör' ich? —

Badur. Der portugiesische Admiral dein Vater!

Miny. Mein Vater? er lebt? — (stürzt vor ihn hin) O Mann meiner Seele! rette meinen Vater, rette meinen Bruder — ihr Untergang ist beschworen durch die Rache der Opferpriester.

Badur. Wir wollen sie aufsuchen. Dann leite ich sie durch eine verborgene Halle, welche in die Pagode führt. Der Samorin ist ein gerechter Fürst, die Opferpriester sollen fürchterlich büssen, dieß schwöre ich bey der Sonne, unserer Gottheit.

Miny. Badur! deine Liebe kann mir nicht durch eine Königskrone ersetzt werden! Komm! Laß uns eilen — und sollte uns feindliche Rache verfolgen, so fliehen wir nach Europa, um dort unter dem Schutz menschlicherer Gesetze Tage der Wonne zu leben. (Beyde ab)

Fünf und zwanzigster Auftritt.

Jokolo allein, dazu Tita.

Jok. Nach Europa? freylich wäre dieß der klügste Gedanke; denn wo man so mir nichts, dir nichts die Leute zum Opferaltar führt, da mag ich auch nicht länger bleiben.

Tita. Lieber Jokolo! hast du meinen Fernando nicht gesehen?

Jok.

Jok. Wenn ihr nur einige Augenblicke früher gekommen wäret, so hättet ihr ihn hier getroffen.

Tita. Hör du — ich glaube immer noch nicht, daß ich die Gemahlin des Samorins werden soll.

Jok. Und warum nicht?

Tita. Fernando hat versprochen, mich zu retten — ach wenn er nur sein Versprechen bald erfüllte. —

Jok. Seyd ohne Sorgen, schöne Tita! schon werden Anstalten zu eurer Rettung gemacht. Aber lasset euch ja nichts merken — Seyd lustig und gutes Muths, es wird sich Alles geben.

Tita. (fröhlich) Ist das möglich? täuschest du mich nicht mit Unwahrheit? (hüpft) ach wie freu ich mich, meinen Fernando zu besitzen.

Jok. Nur nicht so laut — Es ist auch ein lieber, vortrefflicher Jüngling!

Tita. Und singen — singen kann er dir — ach — (den Finger an den Mund) wenn ich nur das Liedlein noch wüßte von einem Mädchen, die es immer so gestochen hat im Herzen — wart! (Pause) jetzt hab' ichs — Nein! doch freylich hieß es so: Ein Mädchen sechzehn Sommer alt —

Jok. (schnell) Schön, wie der Tag im May.

Tita. Richtig! so heißt es — kennst du es auch?

Jok.

Jok. Ist es doch eine unserer Lieblings=
balladen in meinem Vaterland.

Ballade.

Jokolo.

Ein Mädchen 16 Sommer alt,
Schön, wie der Tag im May!

Tita.

Die pflückte Kräuter in dem Wald,
Und sang ein Lied dabey.

Jokolo.

Da schlich ein Männchen zu ihr hin,
Sprach mit ihr zärtlich, süß,

Tita.

Von Küssen und Umarmungen
Und sonst noch was gewiß.

Jokolo.

Er nahm das Mädchen an den Arm,
Schmiegt sich an ihre Brust.

Tita.

Da ward dem Mädchen liebewarm,
Sie fühlte süsse Lust.

Jokolo.

Das holde Mädchen faßte Muth,
Sprach: — Lieber! bleib doch hier —

Tita.

Ich bin dir ja so herzlich gut,
Treu bin ich ewig dir!

———

Beyde.

Sie ward bald heiß, bald kalt,
Wie ihr das Herze wallt!
Sie ward roth im Gesicht,
Warum? begriff sie nicht.

(beyde ab)

Sechs und zwanzigster Auftritt.

(Voriges Gemach in des Samorins Pallast).

Der Samorin. Katual.

Sam. Ich ließ dich hieher bescheiden, um wegen dem Aufenthalt der Europäer mit dir zu sprechen. Zadir versicherte mich, daß sie uns gefährlich werden könnten.

Kat. Mächtigster Samorin! giebst du denen Fremdlingen noch länger die Erlaubniß, sich hier aufhalten zu dürfen, so werden sie bald unsere Stadt überfallen, mit ihren Soldaten und Geschütze uns zu unterjochen suchen, und selbst dir Gesetze vorschreiben.

Sam. Das werden sie nicht thun. (Man hört vor dem Gemach eine seufzende, wehklagende Stimme) Was hör' ich? —

Kat.

Kat. (erschrickt heftig) Vergieb, Erhabenster! aber ich höre eine Stimme wie die des Propheten Meluna.

Sieben und zwanzigster Auftritt.

Vorige. Zadir gänzlich unkenntlich in der Hülle eines armen Fakirs, stürzt herein mit der Miene eines Inspirirten.

Zadir. Samorin! Samorin! verschließ deine Ohren nicht vor der klagenden Stimme deines Freundes.

Sam. Weheklagender Unglücksprophet! was verlangst du?

Zadir. Ich saß in meiner Klause, einsamen Betrachtungen geweiht, plötzlich vernahm ich ein lautes Rufen wie in der Stimme des Donners: Meluna! gürte deine Linden und folge mir! Ich folgte einer Nebelgestalt, die führte mich an deinen Pallast — Eine dumpfe Stimme flüsterte mir zu:

„Samorin!

„Sey auf der Hut! befrey von Räubern unser Vaterland,
„Die listig Freundschaft heucheln, mit den Waffen in
 der Hand —

„Dir und dem Reiche drohen Untergang.
„O König! mir ist für dein Leben bang."

(stürzt ab)

Sam. (in größtem Entsetzen) Wie ist mir? welche Unruhe bemächtiget sich meines Herzens!

Katual! Ich will den Admiral sprechen, und dann vernehmet meinen Befehl.

Kat. Ich gehorche! (beis.) Dieß muß verhindert werden, oder wir scheitern mitten in unserem Beginnen. (ab)

Achtundzwanzigster Auftritt.

Der Samorin. Fernando in der ehrwürdigen Kleidung eines Sonnenpriesters.

Sam. Wäre es möglich? könnte man mich hintergehen, und ist Vorsicht je schädlich gewesen?

Fern. Erhabenster Samorin! Glück und Heil über dich!

Sam. Woher kömmst du, ehrwürdiger Sonnenpriester!

Fern. Aus dem Lager der Europäer! Schon 2 Tage halte ich mich in ihrer Mitte auf. Ich fuhr von der jenseitigen Insel herüber, weil mich wichtige Geschäfte nach Sangora rufen.

Sam. Was hältst du von den Fremdlingen, ehrwürdiger Mann!

Fern. Sie ehren Gott und seine Gesetze. Sie lieben ihren König, und wo ein Volk seinen König liebt, da blühet Segen im Land.

Sam. Und doch schildern mir der Katual und die Jakapriester diese Fremdlinge als gefährliche, böse Menschen.

Fern.

Fern. Weil sich die Denkart dieser Europäer nicht mit der Denkart deiner Opferpriester verträgt. Sie verehren in ihrer Gottheit ein gutes, wohlthätiges Wesen, und keines, das durch unschuldiges Menschenblut versöhnt werden muß. Samorin! noch wenige Provinzen in Indien, welche diese Menschenopfer dulden. — Welch ein erhabenes Bild einer Gottheit unter dem Bild der wohlthätigen Sonne. — (ergreift seine Hand) Und Samorin! das irrdische Bild dieser erhabenen Gottheit ist ein guter König.

Sam. (entschlossen) Die Europäer bleiben hier — Sie werden meine Freunde —

Duett.

Sam.
Ehrwürdig sey das heil'ge Band,
Das Menschen fest umschlingt.

Fern.
Dem Lande Heil! wo dieß Gefühl
Der Fürsten Herz durchdringt.

Sam.
Es kettet uns an die Natur,
Die Duldsamkeit uns lehrt.

Fern.
Ein solcher Fürst, wie du — verdient,
Daß man ihn liebt und ehrt.

Beyde.
Schön ist es, Mensch zu seyn,
Des andern Glück's sich freu'n.

Tief gräbst du diese Spur
In unser Herz, Natur! (ab)

Neunundzwanzigster Auftritt.

Der Admiral. Zadir. Katual.

Admir. Werdet ihr mich bald zu dem Samorin bringen? Er hat mich fodern lassen, ich erwarte seinen Befehl.

Kat. Du bist sehr eilfertig.

Zadir. Oder glaubst du vielleicht, hier nicht sicher zu seyn?

Admir. (finster) Ich bin nicht gewohnt, das in Zweifel zu ziehen, was ich gewiß weiß.

Kat. Sprichst du doch, als wenn wir dich betrügen wollten.

Admir. Wozu all das! ich will mit dem König sprechen, oder an Bord meiner Schiffe gehen.

Zadir. Wage es ja nicht, dich vor dem Volke sehen zu lassen, es ist sehr über dich aufgebracht — selbst der König —

Admir. Ist ein guter Fürst — und meistens sind die Könige gut, wenn sie nur mit guten Menschen umgeben sind. (will fort) Ich gehe zu meinen Leuten! (Sie treten ihm in Weg)

Kat. Verschmähe unsern Rath nicht — es ist besser, du bleibest hier

Admir. Dazu habe ich keine Lust. Auf meinem Schiffe hoffe ich, weit sicherer zu seyn, als

ich

ich hier bin. Ich weiß nicht, was ich von eurem Betragen denken soll. Es scheint mir beynahe, ihr wollt mich hier mit Gewalt zurückhalten. Laßt mich — ich will mit dem König sprechen — (will fort)

Kat. (hält ihn) Das kannst du nicht mehr — he Leute!

Zadir. Du bist unser Gefangene!

Admir. (zieht seine Klinge) Der Gefangene eines Götzenpriesters? — (Alle Jakadiener kommen herein, überfallen ihn, winden ihm die Klinge aus der Hand, und führen ihn gefesselt weg) Und ihr wollet Diener der Gottheit seyn? Mörder seyd ihr, Verletzer der Natur und der Menschenrechte. (ab)

Dreyßigster Auftritt.

(Ein durchbrochener unterirdischer Höhlengang. Der Mond scheint.)

Fernando. Mouba. Badur. Roberto
mit portugiesischer Mannschaft. Einige tragen Fackeln.

Finale.

Fern.
Sachte, leise — folget nur
Unsrem Freunde auf der Spur.

And

Und beginnt das Werk der Rache
Für der Menschheit gute Sache.

Soldatenchor in dem Innern der Höhle.

Bosheit und Verrätherey
  Lauern hier im Hinterhalt;
Folget nach und steht uns bey,
  An der Thüre sind wir bald.
             Fern.
Ja! die Vorsicht wird uns leiten
  Weil wir für die Tugend streiten.
           Mouba. Babur.
Horcht! das dumpfe Echo hallet
  Ihre Worte uns ins Ohr.
Jeder ihrer Schritte schallet
  Im Gewölbe bis hervor.

Ein und dreyßigster Auftritt.

Vorige. Jokolo eilend zu **Fernando.**

             Jok.
Herr! euer Vater sitzt in Ketten —
            Babur.
Sein Vater!
             Fern.
Eh' muß ich meinen Vater retten —
Auf, Brüder! gehet nur allein,
Vorher muß er in Freyheit seyn.

                              Alle.

Alle.
Schon sind sie dort,
Nun macht euch fort,
Und folgt gemach
Nur leise nach,
Es gehe, wie es will,
Habt Muth! bedachtsam still!
(Badur und Mouba schleichen in die Höhle, Fernando und Jokolo eilen ab.)

Zwey und dreyßigster Auftritt.

(Die Bühne verändert sich in die große Pagode. Auf einem der Piedestale steht das Symbol der Sonne, auf dem andern der Götze Jaka. Jubelchor, unter welchem sich alles versammelt. Der Samorin. Die übrigen Hofleute und Nairen. Bengal in der Mitte seiner Töchter, Tita trägt Turteltauben, und ist verschleyert. Jadir trägt auf einem goldenen Polster das Weihungskleid der neuen Königinn, einen Delzweig und eine Krone. Ihnen folgen die Priesterinnen der heiligen Schlange, mit Rauch = Urnen. Zaffer mit denen Sklavinnen schliessen den Zug. Das Volk bringt Früchte, Blumen und Kornähren zum Opfer.)

Chor.
Am festlichen Tage
Zur Wonne geweiht;

F   Jauchzt

Jauchzt unserem König,
  Der Gnade verleiht,
Der König soll leben
  Stets froh und beglückt,
Am Arme der Liebe,
  Die heut' ihn entzückt.

(Die Oberpriesterinn nimmt Tita den Schleyer ab.)

Melodram.

Heil dir, du Glücklichste der Sterblichen!
Du wirst Gemahlinn unsers großen Samorin!

Chor von dem Volk.

Mächtige Gottheit! sey freundlich und mild,
Segne die Feyer, die heut wird erfüllt.

(Die Oberpriesterinn nimmt die Turteltauben, und übergiebt sie den Opferpriestern, diese nähern sich damit dem Götzen.)

Opferpr.

Wirf dich, Sangoras Königinn!
Zu des Altares Stuffen hin.

(Tita wird dahin geführt, sie legt sich mit dem Gesicht zur Erde.)

Dann wirst du mit dem Feyerkleid
Zur Landesmutter eingeweiht!

(Feyerliche Stille. Die Turteltauben werden geschlachtet. Heiliger Chor von dem Volk, worunter Alles kniet.)

Mäch-

Mächtige Gottheit! beglücke das Band,
Segne den König, und segne das Land.

(Unter diesem Chor steht Tita auf, Zadir nähert sich mit dem Feyerkleid der Oberpriesterinnen, die andern wollen sie entkleiden. Plötzlich hört man entfernt, endlich näher Trommelschlag und Trompetenstöße. Alles läuft voll Entsetzen untereinander.)

Alle.

Was hör' ich — ich fang' an zu beben,
Ich zittre ängstlich für mein Leben.

(Der Tumult wird stärker, die gemeinen Indianer wollen die Hauptthüre besetzen, die Opferpriester wollen links in die Halle entfliehen, die Thüren der Pagode werden eingestürzt, von einer Seite kommt Fernando mit gezogener Klinge, hinter ihm Jokolo, von der andern Roberto, Badur mit Mannschaft. — Sie halten die Thüren besetzt)

Fern.

König! ich bürge heilig für dein Leben,
Wenn du die Frevler mir wirst übergeben.

Alle.

Was ist geschehn?

Fern.

Das Recht der Menschheit haben sie verletzt,
Gefangen meinen Vater eingesetzt.

(Zeigt auf die Jakadiener.)

Alle.

Alle.

Den Admiral?

Sam.

Ha! nun entdeck' ich die Verrätherey,
Man gebe sogleich seinen Vater frey!

Fern.

Die Gottheit segne dich — er ist schon frey!

Drey und dreyßigster Auftritt.

Vorige. Der Admiral in Fesseln. Minny eilt in seine Arme.

Minni.

Ach! laß mich diese Fesseln lösen
Von meines Vaters Hand.

Admir.

Tochter! — (heisse Umarmung)

Alle.

Ihr Vater! —

Sam.

Ich selber will die Fesseln lösen
Von dieses Greises Hand.

(Er macht ihn frey, und drückt ihn an sein Herz.)

Tita. (drängt sich hervor, und stürzt zu des Königs Füssen.)

Ach

Ach König, Gnade!
Diesem Jüngling hab' ich Treu geschworen,
Liebe fühlt' ich, eh du mich erkohren.

(Samorin kämpft mit sich selber.)

Minny. Babur. Fern. Mouba. Beug.

Schrecklich wird er sich nun rächen —

Sam.

Nein! der Liebe Bund will ich nicht brechen;
Liebet euch — hier hast du ihre Hand,
(Er übergiebt sie Fern.)
Führe sie beglückt ins Vaterland!

Alle.

Welche Gnade! Herr! Verzeihung!

Sam.

(nimmt den Admiral und seinen Sohn an jede Hand.)

Alles will ich gern verzeihen,
Will mich eures Glückes freuen —
Doch die Frevler geb' ich eurer Rache frey!

(zeigt auf die Opferpriester.)

Admir. Fern.

Wir verzeihen gerne — bleibt der Menschheit treu!

Sam.

Auf! zerstört des bösen Gottes Opfer,
Fleht die Sonne, unsre Gottheit an.
Täglich wandelt sie mit neuer Wonne
Für die Menschen ihre Segensbahn.

Alle.

Alle.

(Indianer und Portugiesen bestürmen das Piedestal des Gözen Jaka.)

Zerstöret das Opfer,
  Wo Menschenblut fließt,
Und huldigt der Gottheit
  Die Segen ergießt.

Sam.

(nähert sich dem zweyten Piedestal, und legt seine Hand auf das Symbol der Sonne.)

Es lehret dieß Bild uns stets menschlich zu seyn!

Alle. (Indianer stürzen zur Erde.)

Auf! lasset dem Dienste der Sonne uns weihn!

(Unter dieser allgemeinen Gruppe fällt der Vorhang.)

Ende des Singspiels.